AF232276

AUX

REPRÉSENTANS.

AUX
REPRÉSENTANS.

Au premier du mois de Mars la France était en paix avec toute l'Europe, les arts fleurissaient, l'agriculture prospérait, le commerce et les manufactures se livraient au développement de leur industrie; la tranquillité existait dans l'intérieur, la sécurité sur les routes, l'union dans les familles. Pleins du bonheur présent et des espérances de l'avenir, nous arrivions à la seconde session de la législature, pendant laquelle devaient être levées ces légères entraves mises, pendant huit mois, à la liberté illimitée de la presse, et qui, toutefois, n'empêchaient pas les rédacteurs d'un ouvrage périodique, *très-indépendant*, de publier, régulièrement, un volume tous les mois.

Nous touchions à l'époque de cette session qui devait remplir les vœux de tous les amis de la gloire nationale, en convertissant en loi la noble proposition d'un des plus illustres chefs de l'armée (1), relative aux dotations de la légion d'honneur et des majorats : la même loi devait réparer d'autres infortunes, fermer pour toujours la porte à des prétentions dangereuses, et porter la plus entière sécurité dans l'esprit d'hommes qui s'étaient trop facilement alarmés.

Tous les bons Français attendaient avec impatience cette époque qui devait rallier à jamais toutes les opinions, tous les partis, et fondre dans un seul intérêt, comme dans un même sentiment, et les amis du trône et les courageux

---

(1) Le maréchal Macdonald.

défenseurs de la liberté, et les intrépides soutiens de la gloire et de l'indépendance nationale.

Telle était naguère la véritable situation de la France, telles étaient les douces espérances et la juste confiance de *l'immense majorité* des Français !

Cependant il faut l'avouer, les Ministres du Roi avaient commis des fautes ; le discours de l'un d'eux, malgré la réfutation de votre éloquent collègue, M. *Bédoch*, avait inspiré des alarmes aux acquéreurs de domaines nationaux, une inquiétude vague agitait quelques esprits. Pour notre malheur, des hommes qui avaient beaucoup perdu à la restauration et qui conservaient encore une grande influence, s'emparèrent de ces légers symptômes de division, s'appliquèrent à les faire fermenter sourdement, en dirigèrent l'action, et, comme on peut le penser, ne manquèrent pas de nourrir et d'augmenter les défiances, de faire naître des craintes, de créer des dangers chimériques ; c'est ainsi qu'ils travaillèrent l'esprit des crédules habitans des campagnes : et pendant que tous les gouvernemens donnaient à leurs peuples des constitutions plus libérales , plus conformes à la disposition des esprits et mieux appropriées aux lumières du siècle , ils persuadaient à nos campagnards qu'ils étaient menacés du retour de la dîme, de la féodalité, des corvées; comme si les corvées, la féodalité et la dîme pouvaient renaître au dix-neuvième siècle et sous un gouvernement représentatif? Mais que ne parvient-on pas à persuader à l'ignorante et soupçonneuse crédulité du peuple?

D'un autre côté les militaires étaient généralement mécontens; les uns pour la perte d'un commandement que la réduction de l'armée ne permettait plus de laisser exister; les autres pour la diminution d'un traitement que la situation du trésor et la nouvelle position de la France commandaient impérieusement; d'autres pour la perte d'un majorat *qui était situé au bout de l'Europe;* quelques-uns enfin pour des erreurs ministérielles que l'on pouvait réparer : et presque tous, oubliant, que les maux dont ils se plaignaient, provenaient des évènemens qui avaient précédé le 3o Mars 1814, nourrissaient dans leur ame un ressentiment toujours prêt à éclater, et entretenaient, parmi les soldats, cet esprit de murmure, si contraire à la subordination et à la fidélité, et qui devait les porter à changer facilement de maître.

C'est au milieu de ces fermens divers, nés de l'impatience naturelle aux Français, et au moment où elle allait être satisfaite, que l'Empereur débarqua au golfe Juan.

Un Colonel lui amena, le premier, son régiment; un Maréchal lui amena une division qui escorta l'Empereur jusqu'à la capitale : l'armée entière passa sous le drapeau tricolore. Le Roi partit..... et avec lui la paix!

Delà, notre situation présente.

Ai-je besoin, Représentans, d'en faire ici le tableau? Chacun de vous, toute la France, toute l'Europe, l'Univers entier ne l'ont-ils pas sous les yeux?

Les arts en deuil ont vu leurs paisibles retraites se transformer subitement en ateliers de mort.

Le commerce frappé, comme par la foudre, a vu tout-à-coup ses relations suspendues, son activité arrêtée ; et cette source féconde de prospérité publique, s'est tarie en un instant.

Le manufacturier voit s'accumuler, invendus, dans ses magasins, les produits de ses manufactures, malgré l'énorme réduction apportée depuis trois mois dans la fabrication ; réduction si affligeante, si désastreuse pour les nombreux ouvriers qu'elle alimentait, et dont les enfans sont réduits à chercher le pain du jour !

L'agriculture voit arracher à ses travaux les bras les plus utiles ; et dans quelle saison ! Le paisible laboureur est obligé de quitter la charrue pour prendre le fusil, et aller perdre, loin du toît paternel, une existence si nécessaire à celle de son vieux père, que la douleur de cette cruelle séparation va précipiter au tombeau.

La nombreuse classe des rentiers, vivant dans les alarmes, voit diminuer tous les jours la valeur du modique produit des épargnes de quarante années de travail, pour les derniers jours de la vie.

Toutes les classes de la société sont également atteintes, toutes plus ou moins frappées dans leurs plus chères affections ou dans leurs premiers intérêts... et pourtant ces malheurs si grands, ne sont rien comparativement à ceux que nous avons à craindre de notre situation morale au-dedans, et de notre situation politique au-dehors !

Une sombre inquiétude régne partout dans l'intérieur : la confiance, l'intimité, l'abandon, si inhérens au caractère français, sont bannis de notre sol : ils ont fait place à la stupeur, à la défiance, aux noirs soupçons qui semblent nous menacer d'un sanglant orage. Déja dans quelques départemens , des Français ont tourné leurs armes sacrilèges contre des Français ; et la main du frère se prépare à répandre le sang du frère ! Guerre impie, où la mort d'un homme n'est pas seulement un malheur, mais encore un assassinat, un fratricide !

Au-dehors, vous l'avez entendu de la bouche même de l'Empereur : les armées de toutes les puissances, s'avancent vers nos frontières : de notre côté on fait courir aux armes ; de terribles moyens de défense se préparent sur mille points différens ; des lignes sont tracées autour de toutes nos grandes villes ; des redoutes s'élèvent sous les murs de la capitale ; six cents pièces de canon doivent, dit-on, y être placées pour vomir la mort et porter la dévastation dans nos riantes campagnes ; l'étendard sanglant de la guerre flotte partout, un immense crêpe funèbre couvre l'immense horison de l'Europe, et bientôt sur cette terre innondée de sang, on ne trouvera plus que les tombeaux des hommes qui l'habitent aujourd'hui : *la génération aura cessé d'exister ! ! !*

Représentans, contemplerez - vous d'un œil sec et tranquille les effroyables malheurs qui nous menacent et qui sont prêts à nous engloutir ? Serez - vous insensibles à la voix de l'humanité qui vous tend des mains suppliantes, à la voix sacrée de la patrie qui vous

crie, *sauvez moi !...* à l'aspect de tant de maux ?
Quelles considérations pourraient vous retenir ?
N'avez-vous pas reçu de vos commettans le *Man-*
dat spécial de sauver la Patrie ? et ne craignez-
vous pas la terrible responsabilité qui pèse sur
vos têtes, si vous restez sourds à la voix de la
Patrie éplorée.

Représentans, la France et l'Europe vous
contemplent, elles s'étonnent de votre silence :
le prolongerez-vous encore ce silence parricide ?
Attendrez-vous que les peuples se soient égorgés,
faute de s'être entendus ? Les nations civilisées de
l'Europe doivent-elles s'entre-détruire comme
les peuplades sauvages de l'Amérique et de l'A-
frique ? Et vous, les mandataires du peuple, de
ce peuple dont vous venez de proclamer la sou-
veraineté ; ne demanderez-vous pas au gouvernement les motifs de cette guerre d'extermi-
nation qui se prépare ? Et avant d'exiger du
peuple le dernier sacrifice, avant de *le dévouer*
à la mort, ne lui ferez-vous pas connaître et
les causes de la guerre, et ce qui peut la
prévenir ?

Et si par une déplorable fatalité, le gouvernement n'a pu se faire entendre des étrangers; si, privé de toute communication avec eux, il se trouve dans l'impuissance de vous fournir les documens nécessaires, pour apprécier les véritables motifs de la lutte épouvantable qui va s'ouvrir; ne devez-vous pas vous assurer auprès des puissances alliées, si la nation française est frappée du même anathême?

Que si au contraire vos communications sont reçues, si les puissances y répondent, si elles ouvrent avec vous des négociations, faudra-t-il envoyer un million de Français à la mort, *pour forcer Alexandre à ouvrir une lettre de Napoléon ?* Sans doute si les étrangers venaient pour nous dicter des lois, s'ils se présentaient à nos frontières avec des projets de démembrement et de partage, oh ! alors que tous les Français soient soldats, que le père arme le fils, que l'épouse arme l'époux; quiconque a eu le bonheur de naître Français, doit avoir le noble orgueil de mourir Français; qui de nous voudrait survivre à la patrie !

Mais des projets semblables sont-ils dans l'intention des Alliés? Qui vous l'a dit? Les journaux ou les adresses de quelques électeurs : mais à quelles sources ont été puisés ces renseignemens? Les Souverains déclarent le contraire à toute l'Europe, et vous n'avez pas encore communiqué avec eux.

Et si le résultat de vos communications vous rassurait sur notre indépendance, si les étrangers déclaraient qu'ils n'entendent porter aucune atteinte à nos libertés, qu'il n'ont jamais eu la pensée de partager la France , qu'ils sont disposés à maintenir, dans son intégrité, le traité de Paris; quel serait, dans ce cas, le but de la guerre? Et votre qualité de Représentans ne vous imposerait-elle pas le devoir de consulter le peuple, pour savoir s'il est résolu à soutenir la guerre contre toute l'Europe pour la *seule cause* qui a armé l'Europe contre nous?

Mais que dis-je? Napoléon qui a déclaré au mois d'avril 1814 , qu'il abdiquait une couronne qu'il n'avait voulu porter que pour le bonheur et la gloire de la France, et qu'il ne pouvait plus conserver sans l'exposer aux plus grands malheurs, hésiterait-il à rendre la paix et le bonheur à 25 millions de Français qui ont fait tant de sacrifices pour lui ? Non, il n'hésiterait pas, il l'a déclaré lui-même.

Quel genre de gloire pourrait-il ambitionner en précipitant la nation dans cette guerre ? Le soulèvement de l'Europe entière contre lui, ne justifie-t-il pas suffisamment sa haute renommée? N'est-ce pas l'hommage le plus grand rendu à son génie extraordinaire, et ne doit-il pas contenter l'ambition la plus étendue? Combien elle serait plus noble et plus glorieuse cette ambition qui lui ferait dire : » je suis parti seul de » l'île d'Elbe, j'ai traversé la France ; je me » suis assis une seconde fois sur le trône; toute » l'Europe s'est armée contre moi; cinq cent » mille hommes se sont levés pour me défendre; » j'ai pu résister à la coalition des Rois, j'étais » l'arbitre de la paix ou de la guerre; d'un mot » je pouvais embrâser l'Europe, je pouvais

» rester sur ce trône que j'avais conquis *seul;*
» mais il en eût coûté la vie à un million d'hommes;
» le sang Français eût coulé par torrens ; j'ai
» déposé une seconde fois la couronne, et par
» ce sacrifice volontaire, j'ai mérité le titre de
» sauveur de la Patrie, de cette Patrie qui m'est
» chère par-dessus tout. » Que de bénédictions
accompagneraient cette héroïque résolution !

Et vous, Représentans , si vous contribuez
à la lui inspirer, si vous lui transmettez fidèlement
les vœux de la Patrie et de l'humanité , si vous
vous montrez les courageux, les dignes Représentans d'une grande nation, vous aurez aussi
part à sa reconnaissance et aux bénédictions du
peuple.

PAR UN VÉRITABLE FRANÇAIS.

Paris, 14 Juin 1815.

Imprimerie de DONDEY-DUPRÉ , rue Turenne, (ci-devant St. Louis),
N°. 46 , au Marais, et rue Neuve St.-Marc , N°. 10.

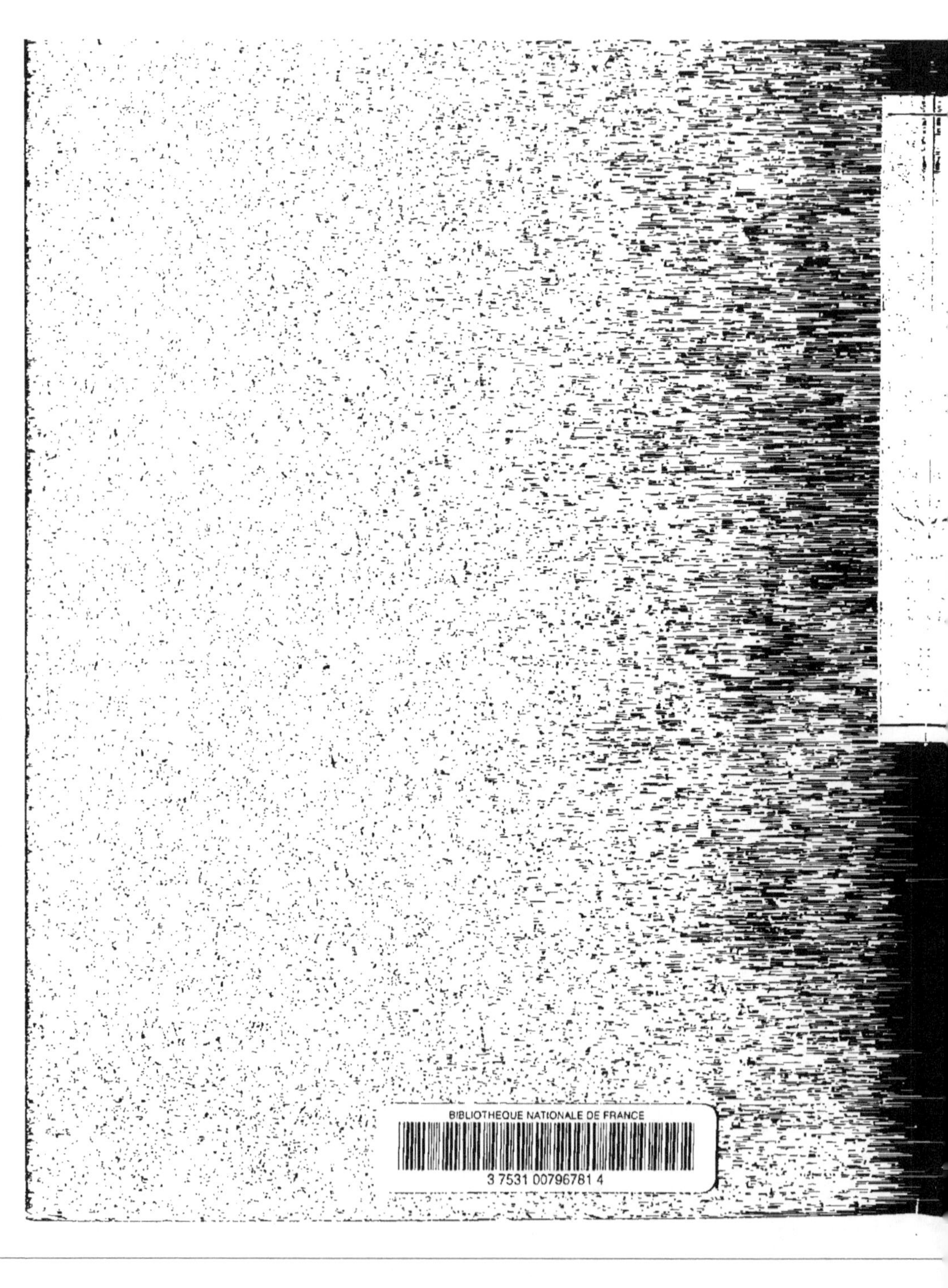

9 782012 482425